L'ORACLE DE LA NATURE SACRÉE

SANDY CHAMPION

GRANCHER

Conception graphique & illustrations
Studio Sandy Champion

Boutique Etsy studiosandychampion
Studio Sandy Champion
@studio.sandychampion

Typographies
Bembo
Amagro
Termina

Responsable éditoriale
Marine Brossard

ISBN du coffret : 978 2 73391 554 7

Imprimé en Chine par Toppan Leefung Printed Limited
Dépôt légal : juin 2023

Groupe Piktos
355, rue de la Montagne-Noire
31750 Escalquens
www.grancher.com
grancher@piktos.fr
@editionsgrancher_officiel

ÉVOLUTIVE,
ADAPTATIVE ET
RÉSILIENTE,
LA NATURE NOUS
GUIDE VERS NOTRE
CROISSANCE
PERSONNELLE

SOMMAIRE...

CE JEU AIDE À FAIRE ÉCLORE
LES GRAINES QUE NOUS SEMONS
TOUT AU LONG DE NOTRE HISTOIRE

J'aime tellement cette nature, je voudrais ne jamais avoir à m'en soucier. Qu'elle continue de s'épanouir et de m'émerveiller comme elle a toujours su si bien le faire. Je ne cesserai jamais de l'arroser de sentiments pour qu'elle continue à me faire grandir et m'élever le long des branches de ma vie. La matérialiser pour enfin la lire et finalement la comprendre, c'est avant tout lui permettre de mieux nous guider.

Si nous nous aimons ou si nous savons où aller, elle poussera sous notre corps avec des racines assez profondes pour toucher notre âme irriguée par la sueur, des rives de rires ou des lacs de larmes. Comme une fleur qui pousserait dans notre cœur et qui jamais ne fanerait. La nature, c'est de la sève pour nos pleurs, du miel pour colmater nos failles.

J'aimerais encore m'allonger sur ses douces branches et sa mousse généreuse. Regarder ses joues rougissantes et sa bouche pulpeuse. M'endormir dans les bras de la lune et me réveiller ébloui par les doigts rayonnants et chaleureux du soleil. M'inspirer de cette nature pour mieux nous comprendre.

edda

EDDA Auteur de recueils poétiques, il se questionne sur la place de l'Homme dans le monde. Alliant écriture intuitive et voyage introspectif, il utilise ses émotions comme moteur de son écriture et nous amène à réfléchir sur le sens de nos décisions.

CONTENU DU *JEU*

L'Oracle de la nature sacrée *est composé de 60 cartes :*

56 CARTES SOURCES

Chaque carte source offre des pistes d'interprétation différentes.

4 CARTES GUIDES

Les cartes guides peuvent être ajoutées aux tirages. Elles représentent les aides extérieures et apportent une précision sur la manière d'aborder une situation.

UTILISER UN *ORACLE*

L'Oracle de la nature sacrée fait appel à votre instinct et à votre ressenti. Écoutez-vous. Les cartes ne détiennent pas la vérité absolue : elles n'apportent pas de solutions, mais sont là pour être interprétées.

Portez une attention particulière à l'énergie que la carte vous procure et aux premières pensées qui vous viennent à l'esprit.

Utilisez votre oracle à des moments de questionnement importants, pour prendre du recul, pour recevoir un point de vue ou une piste de réflexion. Il vous permettra de cheminer vers la compréhension de vous-même.

Votre oracle est personnel et possède une énergie qui lui est propre. Pour préserver le lien et les énergies que vous entretenez avec votre jeu, ne prêtez pas votre oracle.

Lavez-vous les mains à l'eau claire avant et après votre tirage. Détendez-vous, offrez-vous ce moment avec vous-même. Utilisez votre oracle dans un lieu où vous ne serez pas susceptible d'être dérangé·e.

Si votre oracle ne vous donne pas de réponse en lien avec votre questionnement, effectuez un second tirage à un moment plus propice. Si les réponses ne sont toujours pas claires, purifiez votre jeu des énergies qui pourraient venir interférer avec votre tirage *(voir page 10)*.

PURIFICATION DU *JEU*

Vous trouverez ici différentes méthodes de purification. À vous de les tester et de choisir celle qui vous convient le mieux.

Avant la première utilisation de ce jeu (ou quand l'oracle a été beaucoup sollicité), il est important de purifier vos cartes des éventuelles énergies indésirables qui pourraient fausser vos futurs tirages. Si vous ne ressentez pas le besoin de suivre les méthodes de purification présentées ci-contre, écoutez votre envie, votre ressenti, et trouvez *votre* méthode, celle qui vous permettra de remplir le jeu d'énergies qui vous sont propres.

Les rituels ci-contre (ou ceux que vous aurez créés) optimisent les résultats lors de vos tirages et renforcent votre lien avec les cartes.

Pour démarrer la purification, privilégiez un lieu clos où vous pouvez vous retrouver seul·e avec vous-même.

Vous préférez un espace ouvert ? Un chêne centenaire situé à quelques pas de chez vous sera parfait. N'oubliez pas que votre ressenti et vos envies priment. Choisissez le moment de la journée qui vous plaît le plus. De nuit comme de jour, il est essentiel de vous écouter.

PURIFICATION PAR

LE SOLEIL

Une méthode rapide et efficace pour réchauffer et ressourcer vos cartes :

Étalez vos cartes face aux rayons du soleil durant plusieurs heures, chez vous.

PURIFICATION PAR

LA LUNE

Une méthode pour améliorer les performances de vos tirages :

Étalez vos cartes durant une nuit de pleine lune et récupérez-les à l'aube.

PURIFICATION PAR

LA FUMÉE

Une méthode pour renforcer le lien avec votre jeu :

- *Allumez une bougie, un bâton d'encens de myrrhe, de benjoin ou de sauge.*
- *Étalez vos cartes face à vous, prenez le temps de les ressentir.*
- *Passez les cartes, une à une, dans la fumée ou au-dessus de la flamme.*

MÉTHODES DE *TIRAGE*

TIRAGE À 1 CARTE

Le tirage à une carte est une méthode simple pour obtenir une réponse rapide et directe à une question précise.

1. *Formulez une question claire, par exemple : « Que puis-je faire pour me sentir mieux ? » (Si vous n'avez pas de question précise à poser, vous pouvez demander : « Qu'est-ce que les cartes ont à me dire aujourd'hui ? »).*
2. *Mettez de côté les quatre cartes guides.*
3. *Pensez à votre question en mélangeant les cartes.*
4. *Quand vous en ressentez l'envie, étalez les cartes en éventail, faces cachées.*
5. *Tirez une carte source au hasard et référez-vous à la page qui lui correspond pour y lire son interprétation.*

La carte piochée est une invitation à la réflexion. Découvrez ce que cette carte vous évoque : les liens que vous voyez entre elle et votre expérience personnelle ou votre question, ce qu'elle vous conseille et génère en vous comme impressions, les pensées ou les ressentis qu'elle vous inspire tout au long de la journée.

Exemple :

« QUE PUIS-JE FAIRE POUR ME SENTIR MIEUX ? »

Carte tirée : « L'exploration » (08)

Cette carte vous invite à ouvrir votre esprit, à sortir des sentiers battus pour rencontrer de nouvelles personnes ou essayer de nouvelles expériences.

Carte tirée : « Le débat » (34)

C'est le bon moment pour vous exprimer, dire tout haut ce qui reste à l'intérieur de vous. Privilégiez la parole et la communication.

TIRAGE À 4 CARTES

Le tirage à quatre cartes offre une réponse plus complète à une question donnée et permet d'appréhender une situation dans sa globalité. Il est préférable de commencer votre question par «comment», «que faire pour», «pourquoi», «qu'est-ce que», de manière à interroger ouvertement le jeu.

① *Formulez une question claire, par exemple : « Comment améliorer ma relation avec… ? » (Si vous n'avez pas de question précise à poser, vous pouvez demander : « Qu'est-ce que les cartes ont à me dire aujourd'hui ? »).*

② *Mettez de côté, les quatre cartes guides.*

③ *Pensez à votre question en mélangeant les cartes. Quand vous en ressentez l'envie, étalez les cartes en éventail, faces cachées.*

④ *Tirez quatre cartes sources au hasard et référez-vous aux pages qui leur correspondent pour y lire leur interprétation.*

— **LA 1RE CARTE** vous représente au moment du tirage. Elle exprime votre état d'esprit, les énergies que vous mettez en œuvre dans la situation qui vous préoccupe et ce qui prédomine dans votre existence aujourd'hui.

Exemple :

«COMMENT M'ÉPANOUIR PROFESSIONNELLEMENT ?»

Carte 1 : «Le corps» (27)

Des périodes de stress ou de doutes peuvent survenir, mais vous continuez à réaliser des activités, des projets qui vous plongent dans un état de joie, de paix intérieure.

Carte 2 : «La clairvoyance» (09)

Cette carte vous incite à élargir votre façon de penser, à voir votre problématique sous un œil différent.

Carte 3 : «La santé» (16)

Il est important de prendre soin de vous, de vous défaire des éléments néfastes à votre bien-être, car ceux-ci finiront par altérer votre santé.

Carte 4 : «La sérénité» (21)

La sérénité sera le résultat de votre épanouissement professionnel.

Carte 5 : «L'étranger»

Pour vous aider à cheminer vers la sérénité professionnelle, vous êtes invité·e à parler de vos problématiques, à être franc·he envers vous-même et envers les autres sur ce que vous ne souhaitez plus dans votre vie professionnelle.

— **LA 2ᴱ CARTE** exprime les influences extérieures, les aides, les obstacles, les possibilités que vous êtes amené·e à rencontrer.

— **LA 3ᴱ CARTE** vous alerte sur ce que vous attendez ou redoutez, elle vous montre les efforts à faire ou les méfiances à avoir.

— **LA 4ᴱ CARTE** indique le résultat. Elle montre l'évolution possible de la situation.

⑤ *En option : tirez une 5ᵉ carte parmi les quatre cartes guides.*

---- **LA 5ᴱ CARTE** représente les aides extérieures ou apportent une précision sur la manière d'aborder une situation.

CARTES SOURCES

56 CARTES SOURCES

L'Oracle de la nature sacrée *est composé de 56 cartes sources. Chacune d'elles offre des pistes d'interprétation différentes.*

Les cartes positives évoquent les ressources de notre quotidien. Elles permettent de nous rendre plus fort·e·s et de faire ressortir le meilleur de nous-mêmes.

Les cartes négatives nous montrent les facettes que nous n'assumons pas, les parts d'ombre que nous cachons et auxquelles les cartes souhaitent nous faire réfléchir. Elles deviennent des obstacles à nos questionnements quand nous les réprimons.

Les cartes neutres nous invitent à nous questionner sur des interprétations ambivalentes. Elles nous permettent de nous interroger sur nos dualités pour trouver un équilibre.

L'AMOUR 01

POSITIF

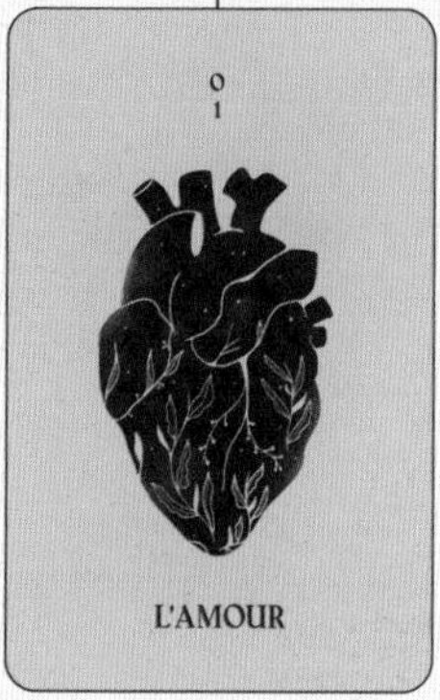

MOTS-CLÉS

UNION / PASSION AMOUREUSE
RENCONTRE / HISTOIRE D'AMOUR
AFFECTION / SENTIMENT AMOUREUX

INTERPRÉTATIONS

La carte « **L'amour** » fait écho au domaine affectif. Elle représente l'amour que l'on se donne à soi tout comme celui qui nous est donné et que l'on donne aux autres. Cette carte nous incite à nous laisser guider par les sentiments que nous pourrions développer pour autrui, qu'ils soient amoureux, amicaux ou familiaux. Elle nous invite à cultiver la bienveillance dans nos relations et à percevoir la richesse que celles-ci nous apportent. Il est important de laisser notre cœur s'ouvrir, avec confiance, à une rencontre, à une occasion ou à une union.

SYMBOLIQUE

Laissons notre cœur fleurir.

La carte « **L'amour** » nous amène à prendre le chemin de tout acte qui irait dans le sens d'un épanouissement personnel.

02 L'INFLUENCE

POSITIF

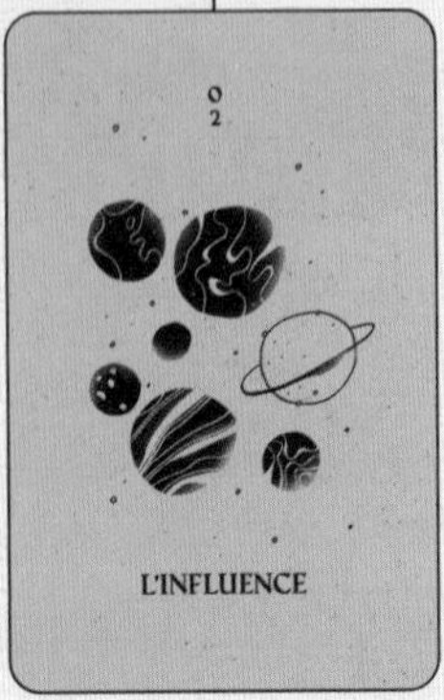

MOTS-CLÉS

ATTRACTION / FASCINATION
INSPIRATION / DOMINATION
SUPERVISION

INTERPRÉTATIONS

La carte « **L'influence** » nous invite à cesser de vouloir impressionner les autres pour chercher à nous impressionner nous-mêmes. Nous devenons alors notre propre guide, grandi·e·s par nos expériences passées et actuelles : celles qui ont façonné notre être et celles qui nous inspirent pour évoluer vers la personne que nous souhaitons devenir.

Cette carte nous incite à la socialisation et à l'action en groupe. Il est important de ne pas briser les liens qui nous relient les uns aux autres. Nous avancerons toujours plus loin ensemble.

Comme les planètes tournant les unes autour des autres, tout est influencé par les énergies de la Terre. Prenons conscience que nos gestes et nos paroles influent sur le comportement des autres ainsi que sur leurs décisions. Apprenons également à nous détacher du regard d'autrui.

SYMBOLIQUE

Les mouvements planétaires influencent notre vie. Laissons-nous guider par leurs énergies.

LE REFUGE 03

POSITIF

MOTS-CLÉS

INTIMITÉ / PROTECTION / RÉCONFORT
SÉCURITÉ / FOYER / RESSOURCEMENT

INTERPRÉTATIONS

La carte «**Le refuge**» fait référence à notre sentiment de sécurité, qui peut s'être effacé avec le temps, le travail ou encore le stress. Cette carte nous invite à faire un état des lieux et le tour des personnes avec qui nous nous sentons complètement protégé·e·s et réconforté·e·s. Les moments que l'on s'accorde dans cet état d'intimité profond nous ressourcent et nous permettent d'avancer sur notre chemin de vie plus sereinement. Il est important d'avoir un espace pour penser à soi, retrouver la paix et mieux appréhender ses questionnements: découvrir son moi caché et se tourner vers le monde spirituel.

Abordons nos doutes et nos angoisses de manière bienveillante, en nous demandant ce qu'ils traduisent. Que peuvent-ils nous apporter? «**Le refuge**» nous incite également à méditer pour retrouver notre paix intérieure et à nous aérer l'esprit pour nous reconnecter avec notre état de pleine conscience.

SYMBOLIQUE

Nourrissons-nous des ressources de notre foyer, indispensables à notre vie quotidienne.

LA NAISSANCE

POSITIF

MOTS-CLÉS

**ORIGINE / COMMENCEMENT / ÉVEIL
PEUPLEMENT / RENOUVEAU
POSSIBILITÉ**

INTERPRÉTATIONS

La carte «**La naissance**» indique qu'il faut faire table rase du passé, quitte à perdre ses repères, pour se lancer dans une nouvelle aventure. Tel un second souffle dans notre histoire, notre potentiel, qu'il soit conscient ou inconscient, est à portée de main: tout reste à créer sur de nouvelles bases.

Cette carte incite à l'action, qu'il s'agisse d'une décision à prendre, d'une envie, d'un voyage ou d'une idée. Il est important de s'écouter.

«**La naissance**» renvoie au (re)commencement, mais également à l'aboutissement d'une situation. Il s'agit de voir le bon dans chaque nouvel apprentissage de nos vies. Elle nous invite à nous servir de notre fertilité, cette magnifique énergie créatrice, pour mettre en œuvre nos projets trop longtemps mis de côté. Ne faisons pas de surplace. Cette carte invite à s'investir dans de nouvelles relations. C'est le début d'un nouveau cycle de vie ou d'un changement.

SYMBOLIQUE

Chérissons le moment où la petite graine germe.

LE CYCLE 05

POSITIF

MOTS-CLÉS

CHANGEMENT / MOUVEMENT / ACTION MODIFICATION / AMÉLIORATION ÉVOLUTION

INTERPRÉTATIONS

La carte «**Le cycle**» fait référence aux éléments en mouvement, aux améliorations positives ou aux modifications importantes qui se jouent dans nos vies.

Le changement effraie parfois, et il faut oser lui ouvrir les portes. Lâcher prise sur son propre quotidien est indispensable pour accueillir les futures évolutions. «**Le cycle**» nous incite à prendre confiance en nous et à mettre à profit nos capacités pour entrer dans une période d'action. Le renouveau, qu'il soit d'ordre professionnel, relationnel ou personnel, nous fera évoluer et nous guidera vers de nouveaux chemins, en nous faisant grandir. Cette carte nous aide également à percevoir l'instant décisif, l'aube d'un changement. Elle aiguillera nos choix. Tout dans la nature est cyclique.

SYMBOLIQUE

Prenons le chemin du changement pour nous autoriser à éclore de nouveau.

06 L'ÉLABORATION

POSITIF

MOTS-CLÉS

TRAVAIL / CONSTRUCTION
AMBITION / MISE EN PLACE
CRÉATION / ACCOMPLISSEMENT

INTERPRÉTATIONS

La carte «**L'élaboration**» nous invite à réfléchir à notre ambition, sans faire preuve d'égoïsme pour autant.
Elle nous fait prendre conscience que chacun·e avance au rythme qui lui convient pour s'épanouir.
Se comparer aux autres ne sert à rien.

Restons organisé·e·s : il ne faut pas se disperser. Tout ne doit pas devenir un questionnement. Nous sommes sur le bon chemin pour récolter les fruits de ce que nous avons semé.
Notre évolution se construira différemment de celle des autres.
Restons dans notre voie. La création est une part importante de notre vie, prenons le temps de mettre en place les projets ou les situations qui nous occupent l'esprit.

Cette carte nous invite à reconnaître les avancées déjà obtenues, même petites : elles mènent à la réalisation de nos objectifs.

SYMBOLIQUE

Alvéole après alvéole, construisons le chemin de nos ambitions.

LE SOUTIEN 07

POSITIF

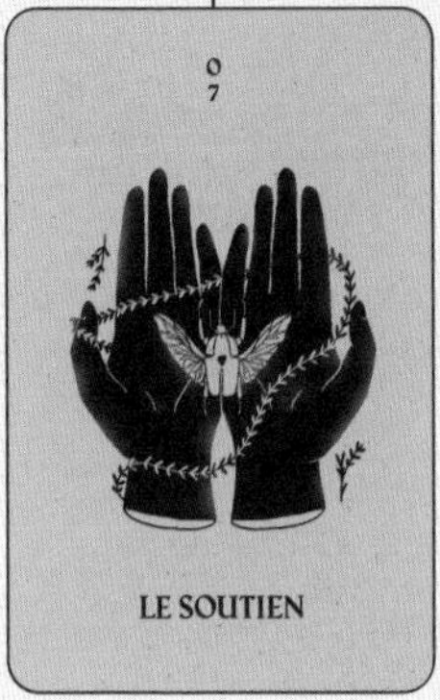

MOTS-CLÉS

**AIDE / SOLIDARITÉ / FRATERNITÉ
ASSOCIATION / PERSÉVÉRANCE
COLLABORATION**

INTERPRÉTATIONS

La carte « **Le soutien** » nous invite à ne pas tout porter sur nos épaules. Si nous en avons besoin, nous avons le droit d'être accompagné·e·s et conseillé·e·s. Les choses deviennent plus simples quand on trouve une aide extérieure, un appui sur lequel se reposer. Cette carte nous incite à nous questionner sur le besoin d'aide que nous ressentons et nous encourage à l'accueillir de manière naturelle. « **Le soutien** » nous montre ce que nous refusons de voir et nous invite à prendre une décision. Il est peut-être temps de faire appel à une personne extérieure à laquelle nous serions à l'aise de demander conseil.

Que nous recherchions du soutien ou que nous l'apportions aux autres, rappelons-nous que la solidarité fait notre force.

SYMBOLIQUE

Portons entre nos mains les êtres fragiles pour les aider à s'envoler.

08 L'EXPLORATION

POSITIF

MOTS-CLÉS

CURIOSITÉ / EXPÉRIENCE
DÉCOUVERTE / PRISE DE CONSCIENCE
INNOVATION / VOYAGE

INTERPRÉTATIONS

La carte «**L'exploration**» représente le domaine de la connaissance et de l'apprentissage. Elle pousse à découvrir d'autres horizons, à réaliser de nouvelles expériences, à faire de nouvelles rencontres pour en ressortir plus riche. Cette carte nous invite à l'ouverture d'esprit et nous encourage à sortir des sentiers battus pour faire évoluer notre mode de pensée. La voie la plus évidente n'est pas forcément la meilleure : ne nous arrêtons pas aux apparences.

«**L'exploration**» nous incite également à voir au-delà du superficiel et à apprécier le naturel, à approfondir les relations que nous entretenons, à explorer l'autre pour nous explorer nous-mêmes.

Cette carte fait aussi référence à notre part créative : elle nous incite au voyage, au rêve, et stimule notre curiosité.

SYMBOLIQUE

Nous sommes né·e·s pour expérimenter, ouvrons-nous sur le monde.

LA CLAIRVOYANCE 09

POSITIF

MOTS-CLÉS

CONNAISSANCE / SAVOIR
LUCIDITÉ / DISCERNEMENT / VÉRITÉ
INTELLIGENCE

INTERPRÉTATIONS

La carte « **La clairvoyance** » nous invite à élargir à la fois notre pensée et notre façon de penser. Elle représente le domaine de l'intellect. Nous avons alors la capacité de voir les choses avec lucidité. Faisons confiance à notre ressenti et à notre instinct. Cette carte nous incite à ressentir les énergies qui nous traversent, à voir au-delà des choses qui nous paraissent évidentes.

Positionnons-nous d'un point de vue nouveau pour aborder enfin une problématique qui reste non résolue.

Éveiller notre potentiel de clairvoyance nous fera grandir sur le plan spirituel. Cherchons à arroser de vérité notre quotidien.

SYMBOLIQUE

Laissons-nous guider par la lumière qui trace notre chemin.

10 L'ÉCOUTE

POSITIF

MOTS-CLÉS

ACCEPTATION / ÉCOUTE DE SOI
RÉCEPTIVITÉ / ACCUEIL

INTERPRÉTATIONS

La carte « **L'écoute** » nous invite à une prise de conscience : les bienfaits qui arrivent dans nos vies sont le fruit de notre travail, et non de la chance. Écoutons-nous. Nous sommes légitimes et nous avons les capacités de réaliser nos objectifs.

En écoutant les autres, nous en apprenons davantage sur nous-mêmes. Acceptons la pensée de chacun·e, qu'elle soit ou non en accord avec la nôtre. Il est important de ne pas prendre à cœur tous les sujets. Cultivons la pensée positive, faisons passer l'autre au premier plan lors de nos échanges. Ce que l'autre a à nous dire se distingue aussi par le non-verbal. Écouter à l'aide du corps, c'est y déceler de nombreuses subtilités.

S'écouter, c'est, avant toute chose, prendre soin de soi. Faisons de nous-mêmes notre priorité.

SYMBOLIQUE

Être réceptif·ve aux échos de l'océan, c'est être réceptif·ve à ce que disent les mots.

LA DESTINÉE 11

POSITIF

MOTS-CLÉS

CHANCE / DÉCISION / CHOIX
MISSION / VOCATION

INTERPRÉTATIONS

La carte «**La destinée**» nous invite à provoquer le changement. C'est le moment idéal pour passer à l'action ou se lancer dans une nouvelle aventure. Préparons-nous à voir une nouvelle porte s'entrouvrir.

Dans la nature, tout a toujours une raison d'être.

«**La destinée**» évoque une ouverture. Faisons confiance à notre chemin de vie. Suivons ce que notre âme nous appelle à réaliser. Il est important de garder à l'esprit que ce que nous désirons se concrétisera d'une façon ou d'une autre. La loi de l'attraction rythme notre quotidien.

Il est temps de prendre des décisions, de faire des choix. Cette carte nous incite à devenir l'acteur·rice de notre vie, à semer nos propres graines, celles qui nous feront grandir.

SYMBOLIQUE

Choisissons les portes à ouvrir… ou à fermer.

12 L'INSTINCT

POSITIF

MOTS-CLÉS

INCONSCIENT / INTUITION
SPONTANÉITÉ / AUTHENTICITÉ

INTERPRÉTATIONS

La carte «**L'instinct**» nous invite à suivre notre inspiration. Cette carte nous incite à nous faire confiance, à écouter cette voix que nous entendons au fond de nous et à la laisser nous guider. Parfois, il semblerait que notre intuition voit avant nos yeux.

«**L'instinct**» nous encourage à croire en nous, en nos capacités et en l'opportunité qui peut apparaître à tout moment. Il ne nous reste plus qu'à savoir la reconnaître pour profiter pleinement de ses bienfaits.

Cette carte nous incite également à nous ressourcer en énergie pour entamer une période de guérison ou de bonne santé. Elle nous encourage à réaliser des actions spontanées, sans appréhension, pour notre bien-être.

SYMBOLIQUE

Laissons la lumière éclairer notre inconscient.

POSITIF

MOTS-CLÉS

PROGRESSION / AUGMENTATION
PERFECTIONNEMENT / AVANCEMENT

INTERPRÉTATIONS

La carte « **L'élévation** » symbolise l'évolution, qu'elle soit personnelle, professionnelle ou sentimentale.
Elle nous incite à tout mettre en œuvre pour aller de l'avant : reprendre les projets laissés de côté, recontacter une personne perdue de vue, nous (re)connecter avec nous-mêmes.
Autrement dit : concrétisons ce que nous avons mis de côté. Cette carte nous invite à nous élever mentalement pour repousser nos limites. Croire en soi et en son plein potentiel permet de rester ambitieux.

C'est le moment de prendre le chemin de l'ascension et du développement personnel. Cette carte nous incite à nous perfectionner pour atteindre nos objectifs. Après avoir surmonté des moments difficiles, il est l'heure de constater notre progression.

« **L'élévation** » représente également les secondes chances.

SYMBOLIQUE

Si la barre est trop haute, il est temps de prendre une échelle.

POSITIF

MOTS-CLÉS

AFFECTION / LOYAUTÉ
ATTACHEMENT / SOUTIEN
RENCONTRE / ENTENTE

INTERPRÉTATIONS

La carte «**L'amitié**» fait écho à la bienveillance d'une personne de notre entourage, qu'il s'agisse d'un ami, d'un frère, d'un collègue ou d'une tierce personne. Chérissons les proches en qui nous nous reconnaissons. La similitude de certaines âmes avec la nôtre nous fait ressentir un lien particulièrement fort, le sentiment que nous nous comprenons à tous points de vue.

Cette carte nous invite à demander un avis extérieur pour nous éclairer sur notre demande.

Il est bon de se questionner également sur sa propre façon d'agir. Est-on l'ami·e loyal·e et serviable que l'on devrait être ? Cette carte nous invite à tendre la main et à entretenir les liens de complicité avec notre entourage.

SYMBOLIQUE

Entremêler ses racines est le signe d'une connexion constante entre deux âmes.

LA FAMILLE 15

POSITIF

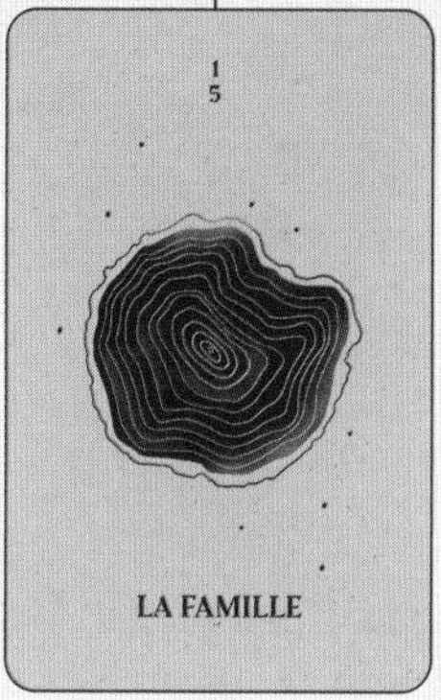

MOTS-CLÉS

HÉRITAGE / LIEN
SOCIÉTÉ / ÉQUIPE

INTERPRÉTATIONS

La carte «**La famille**» est un signe d'équilibre et de partage. Notre vie repose sur de grands piliers, et l'un d'eux est essentiel pour notre bien-être : l'harmonie avec notre entourage.

Nous sommes uni·e·s par les mêmes liens naturels. La carte «**La famille**» incite à faire le premier pas, à faire confiance pour engager notre futur sur des bases saines. Il est important que le lien que nous entretenons avec nos proches, la société et notre équipe soit équilibré. Rappelons-nous d'où nous venons, n'oublions pas nos racines : nos origines nous ont construit·e·s et nous font grandir.

C'est le moment de passer des moments de qualité avec nos proches.

SYMBOLIQUE

La famille est une cellule fondamentale de notre bien-être.

16 LA SANTÉ

POSITIF

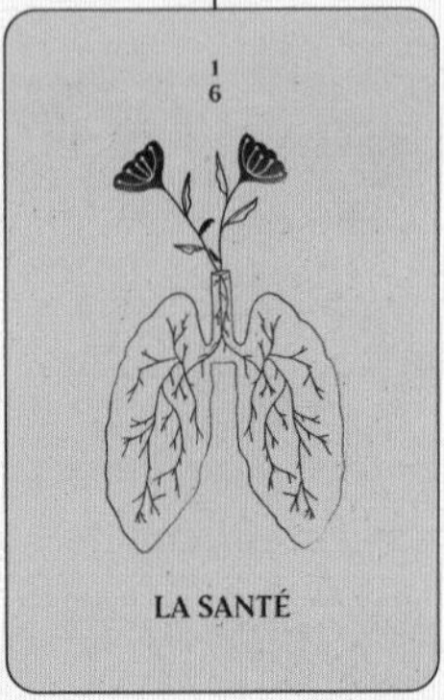

MOTS-CLÉS

RESSOURCEMENT
GUÉRISON / FORCE
CORPS ET ESPRIT / NATURE

INTERPRÉTATIONS

La carte «**La santé**» invite à faire germer chaque graine végétale ou humaine. Il est important de nous concentrer sur ce qui nous fait du bien, sur ce qui nous est bénéfique et améliore notre santé. Laissons de côté les éléments néfastes à notre bien-être. Détachons-nous de l'inutile pour enfin prendre soin de nous de la meilleure façon qui soit. Donnons-nous de l'amour.

Cette carte nous incite à ralentir notre rythme de vie. Il s'agit de trouver des moments apaisants, de repos du corps et de l'esprit. La vie nous amène des embûches, et des ralentissements s'imposeront à nous tôt ou tard. Il est important de se préserver, de s'alléger pour accueillir les futurs moments difficiles dans les meilleures conditions. La simplicité est la meilleure des solutions pour trouver le chemin de la santé.

SYMBOLIQUE

Émerveillons-nous de la puissance de la nature à se renouveler.

L'ABONDANCE 17

POSITIF

MOTS-CLÉS

RICHESSE / GAINS / RÉCOLTE
GÉNÉROSITÉ / OFFRANDE

INTERPRÉTATIONS

La carte «**L'abondance**» fait écho à nos richesses personnelles et matérielles. Après un long travail, c'est le moment d'honorer le fruit de notre labeur, de faire preuve de gratitude. Prenons conscience des richesses qu'offre l'univers, acceptons les petits moments de bien-être comme des cadeaux.

Comme nous avons beaucoup reçu, il est important maintenant de donner en retour, de s'ouvrir aux autres, d'en comprendre davantage sur autrui. Cette générosité nous enrichit. Apprendre à se détacher de trop de possessions permet d'acquérir une certaine liberté, faite d'apprentissages, d'expériences et de rencontres.

La carte «**L'abondance**» fait autant écho aux gains sous forme d'argent qu'aux gains en matière d'épanouissement personnel. Nous avons déjà tout ce dont nous avons besoin pour créer la vie que nous souhaitons. Savourons nos succès, quels qu'ils soient.

SYMBOLIQUE

Soyons reconnaissant·e·s de l'abondance qui coule dans notre vie.

18 LA CONNAISSANCE

POSITIF

MOTS-CLÉS

PERSPICACITÉ / SAVOIR / CAPACITÉ
CLAIRVOYANCE / LUCIDITÉ
CONSCIENCE

INTERPRÉTATIONS

La carte «**La connaissance**» nous invite à explorer notre plein potentiel intellectuel. Notre savoir mérite d'être enrichi. Portons un regard éclairé sur la connaissance que nous avons de nous-mêmes.

Ouvrons-nous à de nouvelles cultures et à des modes de pensée qui nous sont inconnus. Soyons avides de découvertes comme d'apprentissages.

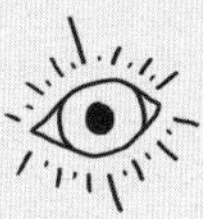

Une bonne connaissance de soi nous aide à faire le lien entre notre intuition et notre intellect. Notre lucidité nous guidera alors pour prendre les bonnes décisions face aux situations qui nous sont présentées.

SYMBOLIQUE

Ouvrons-nous aux pouvoirs du troisième œil.

Cette carte invite à prendre du recul pour interroger les croyances que nous pensons profondément ancrées en nous. N'ayons pas peur de sortir des sentiers battus, de nous remettre en question.

L'UNION 19

POSITIF

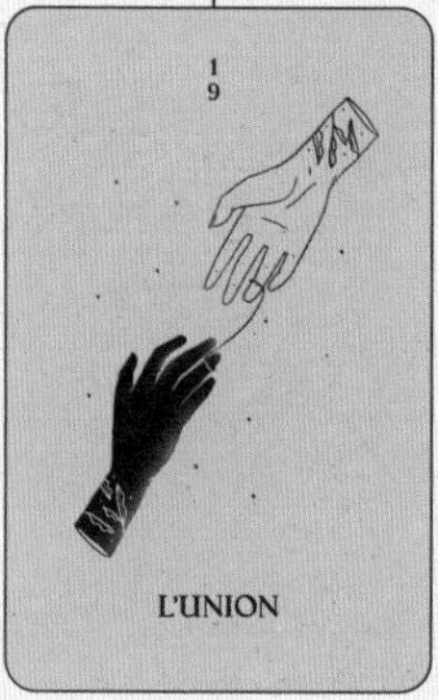

MOTS-CLÉS

ALLIANCE / ASSOCIATION
ENTENTE / ACCORD
COLLABORATION / SYMBIOSE

INTERPRÉTATIONS

La carte « **L'union** » fait référence aux liens affectifs. Elle représente la symbiose que l'on cherche à atteindre ou que l'on entretient dans nos relations ou nos projets. Cette carte incite à accepter les faiblesses et les différences de chacun·e, ainsi que les nôtres. L'acceptation sans jugement et dans la bienveillance offre une grande chance d'alliance et d'union durable.

Cette carte peut également représenter la naissance d'un nouveau projet, une association entre deux personnes qui s'engagent mutuellement. Elle invite à resserrer les liens qui nous unissent pour former un tout plus fort que nos différences communes. Il est important de comprendre que tout ne se réalise pas seul.

SYMBOLIQUE

Tisser des liens, resserrer les fils permet de se rapprocher de l'essentiel.

20 LE LÂCHER-PRISE

POSITIF

MOTS-CLÉS

DON / GRATITUDE
PAUSE / RELÂCHEMENT / REPOS

INTERPRÉTATIONS

La carte «**Le lâcher-prise**» nous invite à ne plus avoir d'attentes et à laisser notre ego et nos convictions de côté. Il est important de ne pas chercher à savoir «ce que cela aurait pu être» ou «ce que cela sera» pour se reconnecter avec le moment présent. Trop peu de fois nous sommes vraiment «ici et maintenant», entièrement connecté·e·s avec ceux et celles qui nous entourent.

Cette carte nous incite à nous laisser porter plutôt que de vouloir tout contrôler. Osons faire confiance aux autres et à nous-mêmes pour ne plus gaspiller notre énergie futilement. Nous sommes capables, les autres sont également capables, et nous n'avons plus à nous soucier de ce point.

Le rythme effréné de nos vies nous fait oublier de lâcher prise : prenons le temps de respirer et arrêtons d'être productif·ve·s 100 % de notre temps. Relax ! Nous en faisons déjà assez.

SYMBOLIQUE

Apprenons à vivre avec confiance, à lâcher prise.

LA SÉRÉNITÉ 21

POSITIF

MOTS-CLÉS

**ÉPANOUISSEMENT / HARMONIE
CALME / CONFIANCE
TRANQUILLITÉ**

INTERPRÉTATIONS

La carte «**La sérénité**» fait écho à notre bien-être. Au quotidien, nous sommes sollicité·e·s par des facteurs négatifs : stress, anxiété, colère, rejet… et tant d'autres sentiments qui affectent notre paix intérieure. Cette carte nous rappelle que nous sommes les seul·e·s maître·sse·s de nos émotions. Il ne tient qu'à nous d'aborder la vie dans la réjouissance et la tranquillité. Notre attitude et nos pensées positives y contribuent.

Cette carte nous invite à profiter d'un moment de calme pour nous recharger en énergie et retrouver un apaisement de l'esprit. Il est temps pour nous de mettre fin à nos conflits émotionnels, que ce soit avec notre famille, notre travail ou nous-mêmes. Le premier pas vers un apaisement intérieur consiste à ne plus se battre avec nos pensées et nos émotions, mais à les accepter sans résistance.

SYMBOLIQUE

Nous trouverons la paix avec les autres quand nous serons en paix avec nous-mêmes.

POSITIF

MOTS-CLÉS

STABILITÉ / PRUDENCE
MODÉRATION / ÉGALITÉ
PLÉNITUDE / PAIX

INTERPRÉTATIONS

La carte «**L'équilibre**» appelle à retrouver une certaine stabilité. Il est temps de mettre nos contradictions de côté. Pour que notre vie s'harmonise avec notre esprit, il est important de nous connaître profondément. Dans notre quotidien, qu'est-ce qui ne correspond plus à ce que nous sommes vraiment? Cette carte nous invite à nous détacher de nos conflits intérieurs pour retrouver la sensation d'être pleinement et entièrement soi. Autorisons-nous à «être».

Chérissons nos dualités, nos parts de lumière comme nos parts d'ombre.

Donnons-nous assez?
Recevons-nous en retour?
Il est peut-être temps de réajuster les choses. Cette carte nous invite à faire le bilan, à retrouver un équilibre comparable à l'équilibre naturel de la Terre.

SYMBOLIQUE

L'équilibre entre donner et recevoir est directement lié au cœur.

LA CONVIVIALITÉ 23

POSITIF

MOTS-CLÉS

**SORTIE / RÉCEPTION / FÊTE
CÉLÉBRATION / ACCUEIL**

INTERPRÉTATIONS

La carte « **La convivialité** » fait écho aux moments de partage, personnels ou professionnels. Elle fait référence aux liens qui se créent, aux confidences chuchotées, aux décisions qui se prennent, le plus souvent autour d'une table. Continuons d'apprécier ces moments et profitons de ces bribes de savoir qui ressortent de toutes les discussions autour de nous.

Cette carte nous incite à échapper, ne serait-ce qu'une minute, à notre quotidien et à notre sérieux. Elle nous invite à sortir, à convier, mais aussi et surtout à prendre le temps de discuter avec autrui. Communiquer est le maître-mot. Laissons de côté nos tracas, il est important de partager, de fêter, pour mieux nous ressourcer. Laissons place aux réjouissances et apprécions la joie dans l'amusement. C'est l'occasion de faire une pause et de faire le plein d'énergie.

SYMBOLIQUE

Ressourçons-nous et accueillons l'énergie vitale dont nous avons besoin.

24 LE SOLEIL

POSITIF

MOTS-CLÉS

JOIE / ACCOMPLISSEMENT
BONHEUR / MÉDITATION
CHALEUR

INTERPRÉTATIONS

La carte «**Le soleil**» peut s'interpréter de plusieurs façons : elle représente le bonheur que l'on se donne à soi, celui que les autres nous offrent et la joie que l'on apporte aux autres. Cette carte nous incite à nous questionner sur la place que nous laissons aux éléments positifs qui impactent notre vie. Prenons conscience d'une chose : nous sommes tou·te·s le rayon de soleil de quelqu'un.

Nous avons besoin de gaieté dans nos vies, il est important qu'elle nous soit transmise au quotidien, sans barrières. Pour que nous soyons capables de donner, nous devons d'abord être capables de recevoir ces petites parcelles de joie. Si nous avons des difficultés à les recevoir, n'oublions pas que nous pouvons nous faire nous-mêmes ce cadeau. Cette carte invite à prendre conscience des moments qui rendent la vie agréable et à s'en nourrir, à les chérir pour mieux les vivre. Pour quoi avez-vous de la gratitude ?

SYMBOLIQUE

Laissons-nous toucher par les rayons du soleil.

LA RÉSILIENCE 25

POSITIF

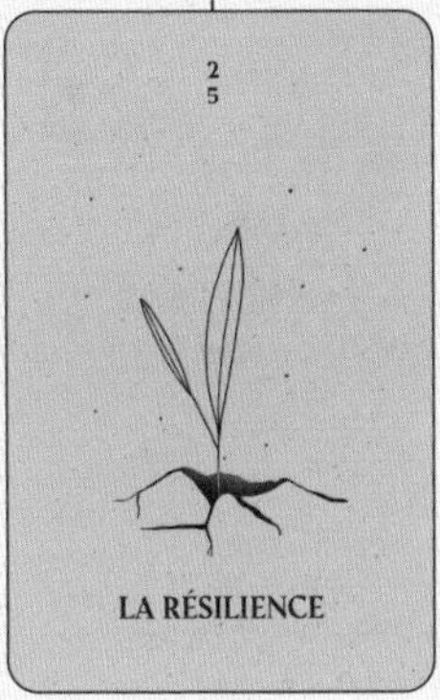

MOTS-CLÉS

CONFESSION / PARDON / OPTIMISME
RÉSISTANCE / ADAPTATION

INTERPRÉTATIONS

La carte «**La résilience**» nous apprend à rebondir, quels que soient les chocs ou les difficultés que nous sommes amené·e·s à rencontrer.

Cette carte nous incite à travailler sur soi, à travers une résilience psychologique ou physique, pour dépasser les obstacles. Il est temps de mettre en place les moyens qui nous permettront de continuer à avancer, de vivre et de (re)construire notre estime de soi. « **La résilience** » nous montre que nous avons l'enseignement et la capacité de résister aux pressions pour (re)prendre un chemin plus serein. Les pouvoirs du souvenir et de l'imagination sont des remparts à l'angoisse.

Personne ne nous connaît mieux que nous-mêmes, prenons le temps de nous guérir.

SYMBOLIQUE

Qu'on l'empêche d'avancer, qu'on restreigne ses gestes ou sa manière d'évoluer, la nature finira toujours par renaître.

26 LA SEXUALITÉ

NEUTRE

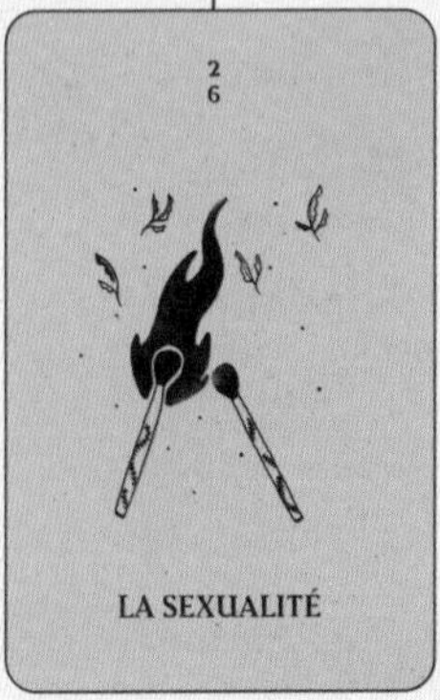

MOTS-CLÉS

RAPPORTS CHARNELS
DÉPENDANCE / ÉROTISME
REPRODUCTION / VOLUPTÉ

INTERPRÉTATIONS

La carte «**La sexualité**» fait référence au désir sur un plan large. Elle peut évoquer la libido, l'amour physique, la passion, les fantasmes, les obsessions, les tabous et les frustrations.
Cette carte nous invite à porter une attention particulière aux sentiments forts qui peuvent nous pousser à réagir de manière impulsive et irrationnelle. Elle nous incite à faire attention aux liaisons possiblement dangereuses que nous entretenons ou à toute personne de notre entourage qui ne serait pas saine pour notre bien-être.

«**La sexualité**» fait écho au lien que l'on entretient avec une autre personne, un partenaire qui nous aide à concrétiser nos envies. Son énergie doit être utilisée à bon escient pour nous permettre de créer (un nouveau projet, un enfant...) dans les meilleures conditions.

SYMBOLIQUE

Brûlons d'un désir ardent jusqu'à en faire des étincelles.

NEUTRE

MOTS-CLÉS

**ÉNERGIE / BLESSURE
CICATRICES / APPARENCE
VITALITÉ / INDÉPENDANCE**

INTERPRÉTATIONS

La carte «**Le corps**» nous invite à nous honorer, à prendre soin de nous aussi bien mentalement que physiquement. Nos cicatrices et nos blessures du passé nous ont façonné·e·s : il est temps de les trouver belles et de les accepter.

En période de stress, d'incompréhension, de complexité, ou lorsque nous avons le sentiment de n'être pas entendu·e·s, il est important d'écouter les messages que notre corps nous transmet. Soyons à l'écoute : il nous parle et peut sonner l'alerte de notre bien-être.

Cette carte nous invite à aimer notre corps, à apprécier chacune des parcelles qui le composent, à découvrir toutes les ressources qu'il met à notre disposition. «**Le corps**» nous incite à effectuer des activités qui nous plongent dans un état de joie, d'épanouissement et de paix intérieure. Réconcilions-nous avec notre temple ; il est digne d'une grande force intérieure, parfois oubliée.

SYMBOLIQUE

Le corps est le serviteur de l'esprit.

28 L'ESPRIT

NEUTRE

MOTS-CLÉS

RÉFLEXION / PSYCHISME
MANIPULATION / QUESTIONNEMENT
PENSÉE / ÂME

INTERPRÉTATIONS

La carte «**L'esprit**» fait référence au domaine psychologique. Elle représente notre réflexion sur une situation, mais aussi notre questionnement sur nous-mêmes. Cette carte nous incite à nous remplir de pensées positives : plus elles nourriront notre ego et plus nous serons bon·ne·s avec nous-mêmes. Il est important de déconstruire les barrières mentales que nous nous sommes imposées au fil des années car elles freinent notre progression. D'une part, la carte «**L'esprit**» nous invite à lever le voile de nos interdictions personnelles pour nous épanouir librement : nous sommes notre seule compagnie, inutile de nous blâmer pour les fautes que nous avons commises. D'autre part, elle nous encourage à prendre conscience des manipulations dont nous sommes capables pour parvenir à nos fins.

Nous pouvons tou·te·s trouverdans la nature des éléments de réponse et de réflexion liés à nos situations quotidiennes. La nature a tant d'enseignements à nous donner…

SYMBOLIQUE

Notre esprit et notre intellect sont les seuls à pouvoir à la fois nous contraindre et nous libérer.

LE DÉPART 29

NEUTRE

MOTS-CLÉS

ÉLOIGNEMENT / FUITE
ÉVASION / LIBERTÉ / RUPTURE
VOYAGE / RETOUR

INTERPRÉTATIONS

La carte «**Le départ**» témoigne de notre besoin d'engagement : il est temps de nous investir. Essentiellement tournée vers le futur, cette carte évoque une nouvelle vie ou un nouveau besoin. Quittons une situation qui ne nous satisfait plus, renonçons au passé pour envisager un nouvel avenir.
Il est l'heure de prendre des décisions parfois radicales pour nous libérer.
«**Le départ**» nous incite à laisser certaines choses derrière nous.

C'est aussi un moment d'émancipation, d'élévation à un niveau supérieur sur le plan personnel. Cette carte nous invite à prendre notre envol pour explorer de nouveaux horizons. Il est devenu indispensable pour nous de nous détacher des éléments matériels qui s'accumulent dans nos vies et ralentissent notre épanouissement. Appréhendons le changement avec bienveillance.

SYMBOLIQUE

La vie est faite de départs et de retours.

30 LA FORCE

NEUTRE

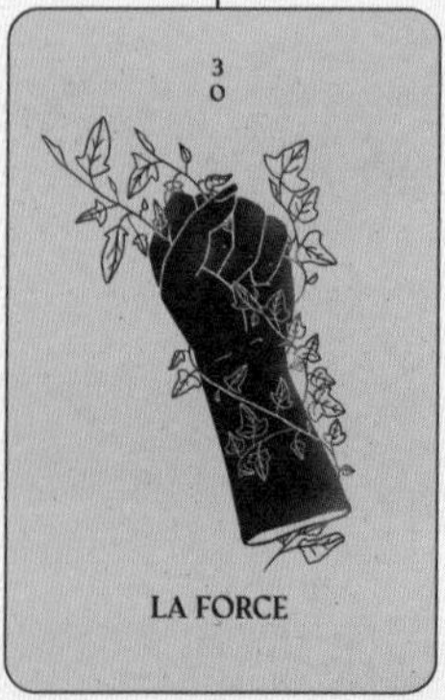

MOTS-CLÉS

FRANCHISE / COURAGE / ARDEUR
IMPULSIVITÉ / ÉNERGIE VITALE
ÉPREUVE

INTERPRÉTATIONS

La carte «**La force**» fait écho à nos forces intérieures et à l'utilisation que nous en faisons face à une situation. Cette carte reflète notre détermination. Il est important de comprendre que nous sommes capables de rassembler les énergies nécessaires à notre réussite. Notre force nous aidera à protéger notre entourage, notre assurance nous fera déplacer des montagnes.

Mais «**La force**» peut également nous mettre en garde contre nos instincts primaires qui, mal maîtrisés, peuvent nous rendre agressif·ve·s. Pour affronter sereinement les obstacles, il est important de nous connecter à notre force spirituelle et de ne pas tomber dans des échanges venimeux.

Témoin d'une grande énergie, «**La force**» nous invite à mener à bien nos projets. Signe de courage, elle nous incite à ne plus hésiter.

SYMBOLIQUE

Profitons de la puissance du lierre, sans le laisser nous envahir.

NEUTRE

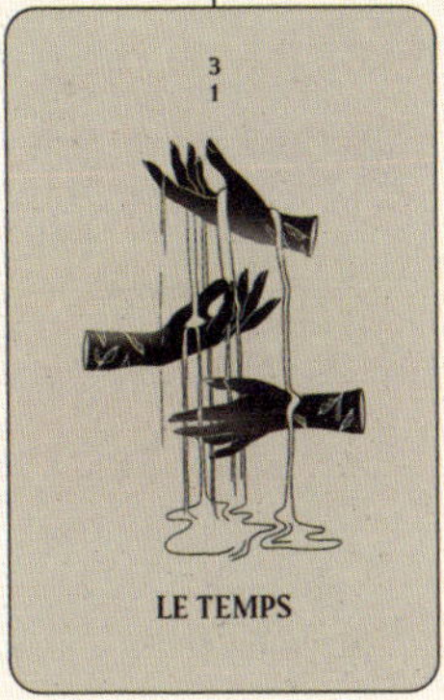

MOTS-CLÉS

PATIENCE / CONTINUITÉ
CHANGEMENT / RALENTISSEMENT

INTERPRÉTATIONS

La carte «**Le temps**» indique que nos réalisations demandent de la patience. Ralentissons la cadence, rien ne sert d'avoir deux ou trois tours d'avance. Revenons au moment présent. Donnons-nous du temps, il est nécessaire à notre épanouissement personnel. Pour construire durablement, rien ne sert d'aller trop vite.

Que faire du temps dont nous disposons ? Cette carte nous invite à nous laisser aller, voire à remettre à plus tard. À force de patience, les choses se rétabliront d'elles-mêmes, au moment venu, pour devenir nos expériences de vie et nos apprentissages de demain.

Chacun·e a sa propre notion du temps. Il est important que nous connaissions notre propre perception de l'espace-temps. Pour nous, est-il élastique ou au contraire figé, planifié ? Cette carte indique aussi un repos nécessaire avant d'entamer un changement de direction.

SYMBOLIQUE

Retenir le temps ne sert à rien, il nous file inlassablement entre les doigts.

32 LA LUNE

NEUTRE

MOTS-CLÉS

LUNAISON / PÉRIODE
CLAIRVOYANCE / SOMMEIL

INTERPRÉTATIONS

La carte « **La lune** » nous invite à suivre son cycle, à réaliser nos envies à notre rythme pour se reconnecter à nous-mêmes. La journée, les tensions s'accumulent ; la nuit est sans doute la période idéale pour se recentrer sur soi et faire table rase du passé. C'est le meilleur moment pour recharger nos énergies, réaligner notre horloge interne et rééquilibrer nos croyances.

Cette carte nous incite à lâcher prise pour apaiser notre esprit. Le sommeil nous sera bénéfique et nous emplira d'énergies nouvelles. Profitons d'une nouvelle lune pour prendre le temps d'être dans l'instant présent et d'observer les questionnements qui s'animent en nous. En nous interrogeant, nous commencerons à comprendre et à nous alléger l'esprit. Prenons le temps de réfléchir à notre situation, posément.

SYMBOLIQUE

Peuplons notre vie de multiples papillons.

LA PASSION 33

NEUTRE

MOTS-CLÉS

FOUGUE / EMBALLEMENT
ADMIRATION / ENTÊTEMENT
PERSISTANCE / AUDACE

INTERPRÉTATIONS

La carte «**La passion**» fait référence à ce qui nous anime. Elle nous incite à nous émerveiller de chaque chose, y compris les plus futiles ou les plus difficiles. Même les tâches du quotidien, qui ne nous enchantent pas, méritent qu'on les réalise et qu'on les aborde du bon côté. Remplissons notre esprit de gaieté pour attirer à nous une énergie débordante. Notre envie dépend de l'humeur dans laquelle nous souhaitons nous mettre.

Cette carte nous met également en garde contre l'emballement qui pourrait troubler notre jugement. Ainsi, nos choix ne sont pas toujours les meilleurs quand ils sont faits avec obstination ou suivent nos pulsions. Les sentiments prennent parfois le pas sur la raison. Soyons vigilants pour ne pas répondre à l'appel des sirènes.

SYMBOLIQUE

La passion nous étourdit d'un parfum entêtant, jusqu'à nous en faire perdre nos repères.

34 LE DÉBAT

NEUTRE

MOTS-CLÉS

**DISCUSSIONS / NÉGOCIATIONS
QUERELLES / COMMUNICATION**

INTERPRÉTATIONS

La carte « **Le débat** » invite à confronter les multiples points de vue qui nous sont proposés. Il est important de prendre en compte chaque avis, même ceux qui seraient contraires au nôtre. Ils nous feront évoluer et ne représentent rien de négatif.

Cette carte incite à prendre part aux discussions, à écouter les arguments de l'autre et à débattre. C'est le bon moment pour nous exprimer et dire tout haut ce qui reste d'ordinaire à l'intérieur de nous. Il est important de ne pas chercher à résoudre un différend, mais de nous aider de notre éloquence naturelle pour faire avancer un sujet.

Le débat privilégie la parole et la communication. Prenons le temps de faire le point sur ce que nous souhaitons améliorer. Cherchons à avancer sur notre chemin de vie.

SYMBOLIQUE

Le débat, c'est un aller-retour infini d'échanges, d'idéeset de compréhension de l'autre.

L'ISOLEMENT 35

NEUTRE

MOTS-CLÉS

ENFERMEMENT / RETRANCHEMENT
RENONCEMENT / RECUEILLEMENT
CONFINEMENT

INTERPRÉTATIONS

La carte «**L'isolement**» indique que le silence et le calme sont les meilleurs remèdes à bien des maux. Il est important de se recentrer, de faire un break. Que voulons-nous réellement? Devons-nous continuer dans cette voie? Cette carte nous invite à prendre du recul face à une situation, à être honnête envers nous-mêmes pour nous reconnecter à son moi profond. Elle nous encourage à passer des moments seul·e qui deviendront des moments d'introspection, à vivre à notre rythme et à nous autoriser à ressentir pleinement nos émotions. L'isolement a cette vertu étrange d'ouvrir la boîte à souvenirs et de faire des liens avec le présent.

Pour nous réaligner avec notre chemin de vie, il est parfois utile de faire un pas en arrière, de regarder où nous en sommes, de réaliser que notre trajet a bifurqué légèrement, de nous questionner sur la direction que nous souhaitons désormais suivre. Il devient alors indispensable de changer de chemin pour se réaligner avec ses objectifs de vie.

SYMBOLIQUE

Isolons-nous,
à l'ombre de nos pairs,
pour nous ressourcer.

NEUTRE

MOTS-CLÉS

BLOCAGE / CONTRETEMPS
ATTENTE / PAUSE / RALENTISSEMENT

INTERPRÉTATIONS

La carte «**Le retard**» fait référence aux imprévus qui nous empêchent de poursuivre notre chemin, à tout ce qui ralentit notre évolution.

Les actions lentes nous permettent de réfléchir à ce qui est en train de se passer. Cette carte nous incite à en profiter pour redonner du mouvement à nos réalisations et entreprendre tout acte qui irait dans le sens d'un déblocage. La parole, l'action, la réflexion en sont des moyens. Rien ne sert de passer une éternité sur des problématiques sans fin ; ne nous focalisons pas sur des questions sans issue.

La notion du temps est liée à notre planète, la Terre. Elle est différente pour chacun·e d'entre nous. Par rapport à quoi ou à qui sommes-nous en retard ? Il faut s'interroger sur l'importance que revêtent ces retards pour nous. Cette carte nous invite également à surveiller et à respecter les délais.

SYMBOLIQUE

Domptez le temps qui ne cesse de s'écouler.

LE BOULEVERSEMENT 37

NEUTRE

MOTS-CLÉS

ACCIDENT / CHOC
SOUDAINETÉ / CONTRETEMPS
CHANGEMENT / AGITATION

INTERPRÉTATIONS

La carte «**Le bouleversement**» fait écho aux changements qui s'opèrent dans nos vies. Ils ne sont ni à craindre ni à éviter. Ne cherchons pas à savoir le pourquoi du comment : nous n'avons pas besoin de connaître notre chemin pour y avancer sereinement.

Les changements nous paraissent parfois insurmontables. Ils semblent arrêter le train paisible de nos vies. Mais ce sont en réalité de véritables tremplins de résilience et d'apprentissage.

Dans une période de bouleversements, il est important de ne pas résister et d'accepter les embûches qui se présentent. Le bouleversement redistribue les cartes, il amène son lot de nouveautés et impose de nouvelles organisations, de nouveaux challenges.

SYMBOLIQUE

Acceptons de nous désagréger pour nous reconstruire sur de nouvelles bases.

NEUTRE

MOTS-CLÉS

OCCASION / OPPORTUNITÉ
SURPRISE / RENCONTRE
IMPRÉVU / AVENTURE

INTERPRÉTATIONS

La carte «**Le hasard**» nous incite à entrer dans une période d'action pour nous attirer les occasions possibles et les rencontres. N'attendons pas que la réponse nous tombe du ciel et soyons prêt·e·s à reconnaître et à saisir les opportunités qui croisent notre chemin. Le hasard, ne l'attendons pas: provoquons-le! Cette carte nous invite à nous concentrer sur notre demande et sur les occasions qui se sont présentées à nous récemment.

«**Le hasard**» nous engage dans des situations inattendues, positives comme négatives. Tôt ou tard, de nouvelles opportunités s'offriront à nous. Les cartes seront alors redistribuées. Rappelons-le-nous, tout arrive pour une raison.

SYMBOLIQUE

Faisons confiance au hasard.

CARTES SOURCES

NEUTRE

MOTS-CLÉS

FATALITÉ / RUPTURE
FINALITÉ / ARRÊT

INTERPRÉTATIONS

La carte «**La mort**» fait écho à un changement de situation. Une période se termine et laisse entrevoir une renaissance. C'est la fin d'un cycle de vie, peut-être une mise en sommeil. Il est important d'avoir de la gratitude envers chaque moment d'obscurité qui nous a mené·e·s vers la lumière que nous connaissons aujourd'hui ou que nous connaîtrons demain.

Continuer devient parfois impossible. Il est temps de tourner la page pour accueillir une nouvelle ère. Cette carte nous incite à nous questionner sur ce que nous voulons réellement. Nous sommes à l'aube d'un changement où tout peut s'aligner avec ce que nous sommes devenu·e·s.

Une rupture, qu'elle soit émotionnelle, physique ou spirituelle, nous amène à faire le point et à tirer des leçons du passé.

SYMBOLIQUE

Chérissons les fatalités pour mieux renaître, encore et encore.

NEUTRE

MOTS-CLÉS

UTOPIE / IMPASSE / CHIMÈRE
MAGIE / MANIPULATION
IMPUISSANCE

INTERPRÉTATIONS

La carte «**L'illusion**» fait écho aux apparences trompeuses. Elle nous invite à vérifier que nous ne faisons pas fausse route, que nous n'avons pas dévié de nos objectifs de vie. Notre esprit traverse sans doute une période trouble.

Au fond de nous, nous détenons la réponse à nos questions. Il est important d'apprendre à faire le silence en nous pour nous écouter sans jugement, sans dramatiser et sans chercher à modifier cette réponse pour qu'elle nous plaise davantage.

«**L'illusion**» nous incite à prendre conscience que nous pouvons nous raconter des histoires qui ne sont pas toujours vraies. Il est inutile de se conforter dans une position de victime qui empêche de passer à l'action. Il est l'heure pour nous d'assumer nos choix, de prendre notre vie en main et de nous réaligner avec le reflet de notre miroir.

SYMBOLIQUE

Laissons de la place à l'illusion pour que celle du raisonnement logique reste limitée, entre mythe et réalité.

L'EGO 41

NEUTRE

MOTS-CLÉS

ORGUEIL / ESTIME DE SOI
ARROGANCE / FIERTÉ

INTERPRÉTATIONS

La carte « **L'ego** » fait écho à notre besoin de contrôle sur ce qui nous entoure. Beaucoup des situations qui nous mettent en colère sont liées à notre ego. Celui-ci exerce une domination sur nos propres émotions dont il est important de prendre conscience. Cette carte nous invite à prendre du recul pour ne pas être asservi·e·s par nos pensées négatives.

Il est important de se poser les bonnes questions : est-ce que cela m'affecte réellement, ou est-ce mon ego qui a été touché ? Après cette réflexion, bon nombre de situations ne sont plus aussi graves qu'elles ne le paraissaient.

Cette carte nous incite à voir la situation non plus avec nos propres yeux mais avec les yeux d'autrui. Nous mettre à la place d'une autre personne, intégrer son vécu et nous ouvrir à son mode de pensée peut faire grandir notre sagesse intérieure.

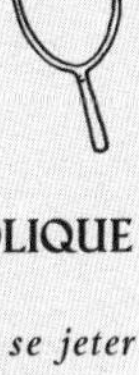

SYMBOLIQUE

L'ego, c'est se jeter des fleurs en pleine figure.

42 LE PASSÉ

NEUTRE

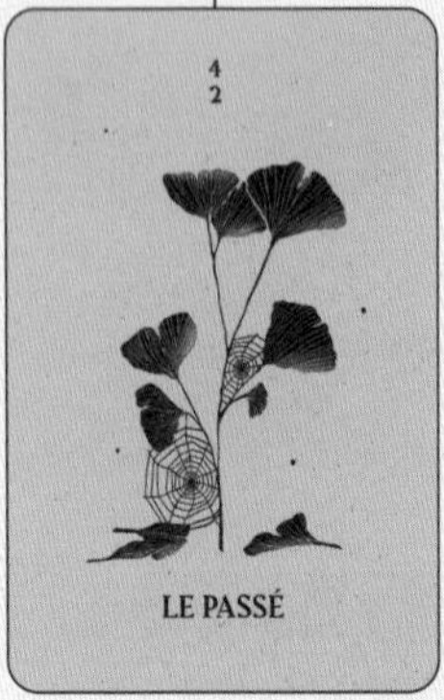

MOTS-CLÉS

RECUL / NOSTALGIE
SENTIMENT INACHEVÉ
REPLI SUR SOI

INTERPRÉTATIONS

La carte «**Le passé**» fait écho aux souvenirs qui nous empêchent d'avancer. Il est temps de prendre du recul, sans pour autant oublier ce que nous avons vécu. La nostalgie peut apporter un sentiment d'inachevé qui nous entraîne dans une période de repli sur nous-mêmes.

Cette carte nous invite à nous nourrir de nos expériences passées, de celles qui nous ont construit·e·s, pour mieux appréhender le futur. Ce que nous sommes devenu·e·s est le fruit de notre passé, il ne faut pas l'oublier. Acceptons de tout ressentir : le changement est sain, il est normal.

SYMBOLIQUE

La vie est éternelle quand elle est entretenue par les souvenirs du passé.

NÉGATIF

MOTS-CLÉS

**INDIFFÉRENCE / REPLI SUR SOI
MANQUE DE COMMUNICATION
DÉLAISSEMENT / ABANDON**

INTERPRÉTATIONS

La carte «**La solitude**» nous amène à nous questionner sur le lien entre ce sentiment et notre demande. Se sentir seul, c'est se sentir incompris, rejeté, à part, parfois, malgré un entourage bien présent.

Il est important de renouer avec le sentiment d'appartenance à un groupe, de reprendre la communication, de se nous questionner sur nos attentes envers l'humain. Apprendre à être seul·e, et non pas se sentir seul·e, est primordial. La solitude nous invite à un retour à la lenteur, à prendre le temps de jouir d'une certaine liberté, voire plus, de retrouver une réelle indépendance.

SYMBOLIQUE

Soyons capable de mener notre barque seul·e.

Cette carte nous demande de ne pas voir la solitude comme une fatalité, malgré des tentatives qui peuvent être infructueuses.

LA DÉPENDANCE

NÉGATIF

MOTS-CLÉS

SOUMISSION / RÉSIGNATION
MANQUE DE LIBERTÉ / JALOUSIE
CONTRAINTE / ASSERVISSEMENT

INTERPRÉTATIONS

La carte «**La dépendance**» représente nos sentiments les plus forts, voire irrationnels. Cette carte nous met en garde contre nos jalousies excessives, nos soumissions, nos obsessions et nos dépendances affectives. Elle nous questionne sur notre besoin d'appartenance. Notre dépendance est-elle néfaste à notre développement personnel? Le problème de la dépendance débouche sur celui de la liberté et de l'autonomie.

Dépassons les barrières protectrices que nous avons imaginées autour de nous. Le reste du monde n'est pas nuisible.

«**La dépendance**» indique que nous ne devons pas tout remettre en question. Il est temps de laisser plus de liberté à ceux qui nous entourent, mais aussi de se laisser plus de liberté à soi-même. Faisons-leur et faisons-nous confiance.

SYMBOLIQUE

Ne nous adonnons qu'à nos libertés, ne dépendons que d'elles.

LA QUERELLE 45

NÉGATIF

MOTS-CLÉS

DISPUTE / LITIGE
DÉSACCORD / CONFLIT

INTERPRÉTATIONS

La carte «**La querelle**» symbolise les désaccords que nous pouvons entretenir. Pour qu'elle ne soit pas signe de rupture, il est important de mettre notre ego de côté, de lâcher du lest et de relativiser. Il n'existe jamais qu'une seule vérité. Prendre du recul sur la situation et sur la façon dont l'autre la vit nous ouvre à plus de compréhension. Tout est question de perspective.

Cette carte nous invite à communiquer sur les blessures qui nous ont impacté·e·s et à comprendre ce qui nous a poussé·e·s au conflit. Elle nous encourage à oublier les rapports de force, à instaurer une distance entre l'objet de notre contrariété et notre réaction.

Il faut apprendre à maîtriser nos parts d'ombre et de lumière. Il faut les accepter pour trouver l'équilibre.

SYMBOLIQUE

Apaisons le tonnerre qui gronde.

46 LA MANIPULATION

NÉGATIF

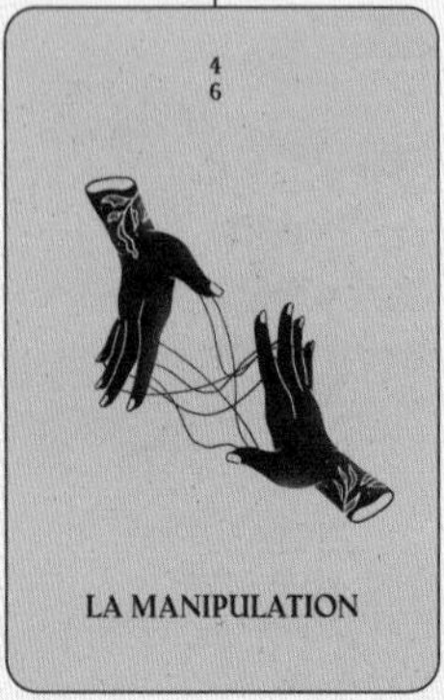

MOTS-CLÉS

CONTRÔLE / DÉTOURNEMENT
POSSESSIVITÉ / INFLUENCE

SYMBOLIQUE

La manipulation, c'est broder une histoire pour se perdre entre ses fils.

INTERPRÉTATIONS

La carte «**La manipulation**» met en garde contre les escroqueries.

Cette carte nous indique également qu'à force de persévérance, les mots nous aident à convaincre, à persuader et à intégrer notre idée dans l'esprit d'un autre. L'éloquence est une de nos alliées quand il s'agit d'arriver à nos fins.

«**La manipulation**» nous met aussi en garde pour nous éviter de devenir toxiques pour notre entourage.

Les relations que nous entretenons sont-elles néfastes ou dangereuses? Il est important de prendre du recul pour arriver à voir si notre pensée a été manipulée.

LA TRISTESSE 47

NÉGATIF

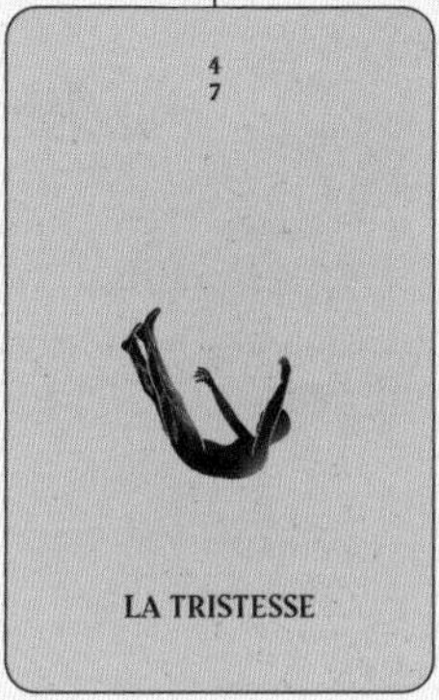

MOTS-CLÉS

DÉPRESSION / CHAGRIN / DÉSESPOIR ABATTEMENT / PESSIMISME

INTERPRÉTATIONS

La carte «**La tristesse**» évoque un moment de repli sur soi : il est temps de nous retirer pour panser nos blessures. Pour évacuer nos peines et mieux nous relever, que la tristesse soit le résultat d'un acte nouveau ou qu'elle nous revienne inlassablement, il est important de les écouter, de les comprendre et de les accueillir.

Quelle que soit leur intensité, les idées négatives, les chagrins, les manques, les absences ou les occasions manquées ont besoin d'être pris en compte pour que nous puissions avancer paisiblement vers une issue favorable. Notre esprit a désormais besoin de se recharger en lumière. Cette carte nous invite à chérir notre monde affectif pour retrouver l'envie de partager. Il faut s'écouter, prendre son temps, pour guérir et se retrouver soi.

SYMBOLIQUE

La tristesse, c'est tomber... et se relever.

48 LA MENACE

NÉGATIF

MOTS-CLÉS

ATTAQUE / SOURNOISERIE
EXAGÉRATION / MANQUE D'ÉNERGIE
PROVOCATION

INTERPRÉTATIONS

La carte «**La menace**» fait écho à un individu qui nous freine dans nos accomplissements, mais cet individu ne fait souvent référence à personne d'autre que nous-mêmes. Et notre frein, ce sont nos peurs et nos angoisses.

Cette carte nous incite à prendre le contrôle sur nos propres peurs. Nos pensées négatives, nos doutes, notre stress altèrent la beauté de ce que nous vivons au quotidien. Cessons d'exagérer ou de retenir les éléments négatifs des bonnes choses.

« **La menace** » nous indique que celle-ci peut également venir d'un être extérieur qui, à force de sournoiserie, risque de nous submerger et de nous fragiliser. Nous pourrions en perdre notre énergie.

SYMBOLIQUE

La menace fera souvent plus de peur que de mal.

NÉGATIF

MOTS-CLÉS

MALCHANCE / MISÈRE
INFIRMITÉ / RUINE / PERTE

INTERPRÉTATIONS

La carte «**L'infortune**» évoque une période difficile à traverser. Elle représente un moment de doutes, de tensions, l'impression de ne pas avancer, ou indique une situation complexe qui empiète sur notre esprit.

Dans ce chaos, «**L'infortune**» nous invite à nous délester des poids trop lourds à porter, à dénouer les nœuds de nos idées entremêlées, à nous débarrasser des pensées parasites comme des personnes superficielles de notre entourage. Cette carte nous encourage à persévérer et à tempérer nos émotions.

Il est important que nous méditions sur nos insatisfactions et que nous acceptions les difficultés, car celles-ci feront grandir notre maturité.

Pour mieux passer ces étapes, entourons-nous de personnes à l'écoute et bienveillantes.

SYMBOLIQUE

Réparons notre infortune en colmatant les fissures de notre âme avec de l'or.

NÉGATIF

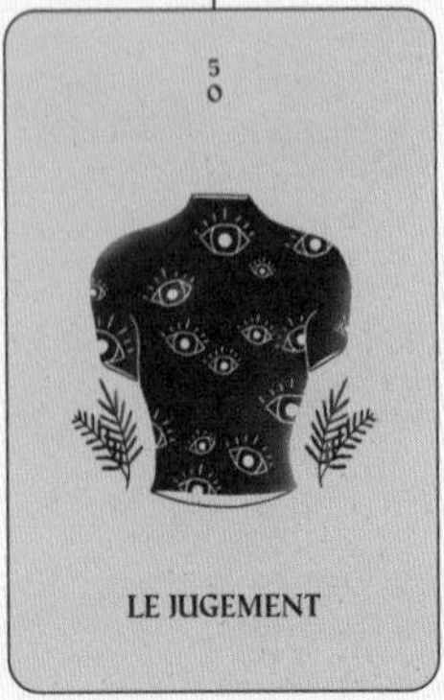

MOTS-CLÉS

PROCÈS MENTAL / CULPABILITÉ
ACCUSATION / PERTE DE CONFIANCE
CENSURE

INTERPRÉTATIONS

La carte « **Le jugement** » nous invite à cesser de nous dévaloriser. Il n'existe que les limites que nous nous sommes imposées.

Chaque jour amène son lot d'opportunités, il est important de se rappeler que toutes ces possibilités sont à notre portée, de s'ouvrir à elles pour accueillir de nouvelles richesses intérieures.

Sans nous préoccuper du jugement que nous nous portons ni de celui des autres, nous sommes invité·e·s à ne rejeter aucune partie de nous. Il est important de faire ce que nous avons toujours eu envie d'accomplir, de ne pas nous laisser ralentir par notre propre processus mental. Mettons de côté l'accusation, la culpabilité et la peur que nous pouvons porter au quotidien. Soyons l'âme bienveillante que nous voulons voir rayonner.

SYMBOLIQUE

Un seul des mille yeux que l'on pose sur nous est important : notre regard sur nous-mêmes.

LA MALADIE 51

NÉGATIF

MOTS-CLÉS

**MAL-ÊTRE / TROUBLE
CONFUSION / ÉPREUVE
SOUFFRANCE**

INTERPRÉTATIONS

La carte «**La maladie**» nous alerte.
Elle fait écho à un problème qui pourrait survenir insidieusement. Elle nous invite à ne pas nous laisser emporter face aux obstacles et aux difficultés qui surviennent. C'est une mauvaise canalisation de nos émotions qui peut s'enliser et laisser place à la maladie. «**La maladie**» fait référence à tout ce qui entrave notre avancée sur le chemin paisible de notre quotidien. Il est important de transformer les obstacles en atouts pour les surpasser. Qu'ils prennent la forme d'un sentiment de mal-être ou soient réels, les troubles symbolisés par «**La maladie**» ne doivent pas nous empêcher de rester lucides face aux épreuves. La carte nous invite à prendre du recul et de la distance pour ne pas sombrer.

SYMBOLIQUE

Ayons une vision lucide et acceptons-la pour espérer guérir.

Éloigner de nous tout élément toxique devient important pour notre santé mentale et physique.
Rappelons-le-nous : aucune épreuve, aussi difficile soit-elle, n'est insurmontable.

52 LA TRAHISON

NÉGATIF

MOTS-CLÉS

TRAÎTRISE / FAUSSETÉ
MENSONGE / ABUS DE CONFIANCE
DÉNONCIATION / LÂCHETÉ

INTERPRÉTATIONS

La carte « **La trahison** » fait écho aux éléments sournois qui se passent dans notre dos sans que nous en ayons connaissance, tel un bouquet de chardons. Il est peut-être temps de revenir sur une décision ou d'exprimer un refus, quitte à provoquer le conflit. Cette carte nous invite à nous questionner sur notre loyauté en général ou notre loyauté vis-à-vis d'un projet, d'une personne ou encore de nous-mêmes. Voulions-nous réellement en arriver là ? Il est important de ne pas se blâmer de n'avoir pas pu tenir une promesse.

Pour éviter d'être dupé·e·s, nous sommes incité·e·s à rester un temps à l'écart pour observer sous un nouvel œil notre situation. Éloignons-nous des personnes indignes de confiance qui semblent abuser de nous. Posons dans notre entourage toute la bienveillance et l'énergie positive que nous nous souhaitons.

SYMBOLIQUE

Interrogeons-nous sur notre appartenance et nos liens avec autrui.

LA RUINE 53

NÉGATIF

MOTS-CLÉS

DÉPÉRISSEMENT / EFFONDREMENT
DÉSILLUSION / INFÉCONDITÉ
DÉCADENCE / TRANSFORMATION

INTERPRÉTATIONS

La carte «**La ruine**» fait écho à l'effondrement d'une situation, à un passé auquel il est temps de renoncer, à des attaches qui nous empêchent d'avancer. Il est important de comprendre ce qui pourrait mettre en péril notre futur. Ne retombons pas dans les erreurs déjà commises, il n'est pas dans notre intérêt de reproduire les mêmes situations. Il faut voir dans «**La ruine**» une invitation à laisser les souvenirs au passé et à aborder le présent avec un état d'esprit neuf.

Il est peut-être temps de repartir de zéro, que ce soit dans le domaine matériel ou psychologique. Faisons table rase pour pouvoir renaître. Demandons-nous si la situation dans laquelle nous mettons notre énergie est favorable à notre bien-être et si elle représente toujours l'intérêt que nous y avions vu au début.

SYMBOLIQUE

La ruine permet la transformation.

54 L'INCONSTANCE

NÉGATIF

MOTS-CLÉS

**VERSATILITÉ / DOUTE
CONFLIT INTÉRIEUR / INCERTITUDE
HÉSITATION / INFIDÉLITÉ**

INTERPRÉTATIONS

La carte «**L'inconstance**» met le doigt sur une période trouble et incertaine. Nous entrons dans une période d'instabilité, qu'elle soit affective, professionnelle ou financière. Cette carte a une dominante négative. Elle évoque une remise en question perpétuelle, des bases instables sur lesquelles il n'est plus possible de s'appuyer : tout finit par devenir confus.

Un réel déséquilibre mental peut être provoqué par un bouleversement intérieur.

La carte «**L'inconstance**» nous invite à sortir de cette période embrumée et à prendre des décisions. L'hésitation n'est pas un chemin à prendre, il est temps de ne plus se sentir découragé, au risque de sombrer.

SYMBOLIQUE

À ne jamais prendre de décisions, on finit par se noyer.

LA PEUR 55

NÉGATIF

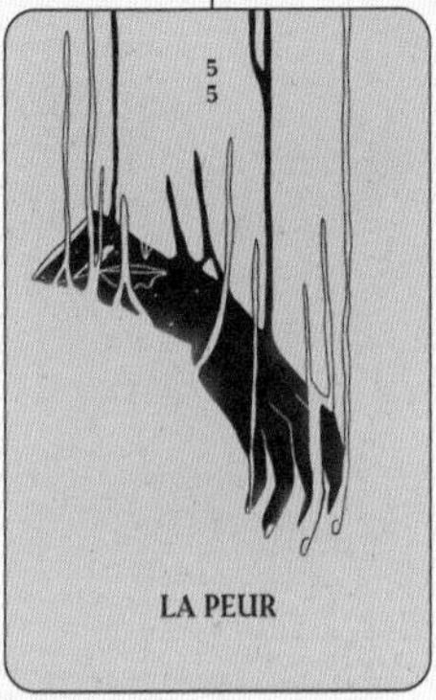

MOTS-CLÉS

BLOCAGE ÉMOTIONNEL
CONFIANCE EN SOI / INCONNU
ALARME / RÉPULSION

INTERPRÉTATIONS

La carte «**La peur**» nous invite à nous interroger sur ce sentiment en lien avec notre questionnement. Gardons à l'esprit que les pensées de peur attirent la peur. A-t-on peur de ce qui arrivera ou de ce qui pourrait arriver?

La peur est une sensation qui fait appel à notre cerveau archaïque; elle déclenche en nous notre système de défense, celui qui nous permet de nous préserver.

Nourrissons-nous d'énergie positive pour dépasser ce sentiment. Nous souvenir que nous ne sommes pas des victimes, mais des êtres créatifs qui rebondissent sur ce que la vie amène sur notre chemin est fondamental. Acceptons la situation et elle n'en sera qu'enrichie d'opportunités. Cette carte nous incite à chercher des informations pour aborder de manière sereine l'objet de nos peurs.

SYMBOLIQUE

Ne laissons pas la peur emplir notre âme.

56 LA COLÈRE

NÉGATIF

MOTS-CLÉS

URGENCE / DÉTRESSE
MENACE / IMPATIENCE
IRRITATION / VIOLENCE

INTERPRÉTATIONS

La carte «**La colère**» nous invite à faire attention à notre part d'ombre. Il est important de ne pas se laisser manipuler par nos pensées négatives. Se pardonner est la clé, lorsque l'on est en colère contre soi-même.

Rappelons-nous que ce qui est important pour nous ne l'est pas forcément pour les autres. Nos ressentis peuvent être différents, même si nous avons les meilleures intentions du monde. Ce que nous donnons n'est pas toujours prêt à être reçu.

Il n'est pas nécessaire de rentrer dans le conflit, de même que fuir ne résoudra pas le problème. Cette carte nous invite à communiquer avec recul et détachement.

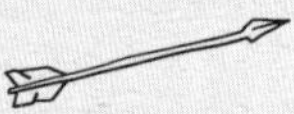

SYMBOLIQUE

Nos colères reflètent notre conflit intérieur et nos peurs, il faut mettre en lumière notre part d'ombre.

4 CARTES GUIDES

CARTES GUIDES

L'Oracle de la nature sacrée
est composé de 4 cartes guides. Leur symbolique est importante, elles représentent les aides extérieures. Telles des guides, elles nous conseillent sur la manière d'aborder une situation.

LE MESSAGER

MOTS-CLÉS

TIERCE PERSONNE / MÉDIATEUR
PERSONNE NEUTRE / ÉQUILIBRE

« **Le messager** » nous invite à faire appel à une aide extérieure. Recevoir l'avis d'un tiers, neutre et extérieur à notre situation, nous aidera à y voir plus clair. Si nous en sommes capables, nous pouvons aussi devenir notre propre juge, en prenant du recul et en mettant de côté notre affect. La neutralité éclairera notre situation.

L'ANCÊTRE

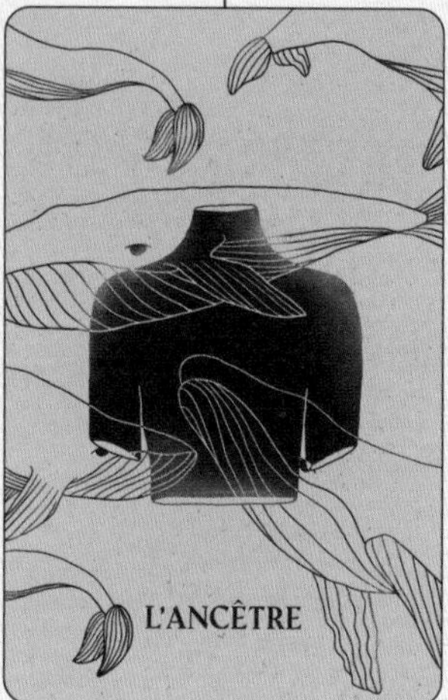

MOTS-CLÉS

HÉRITAGE / SAGESSE / INTUITION TRANSMISSION / ÉCHANGE

«**L'ancêtre**» nous demande d'écouter la parole des sages. En prenant conscience que nous vivons ce que d'autres ont vécu avant nous, nous pouvons trouver la force d'avancer, grâce à leur expérience. Écoutons les conseils, les messages qui nous sont transmis.

L'ENFANT

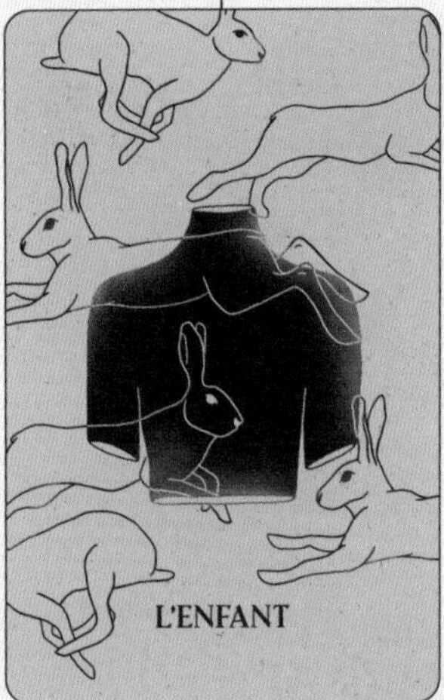

MOTS-CLÉS

RÊVERIE / IDÉALISATION / OUVERTURE DYNAMISME / ÉPANOUISSEMENT / ÉLÉVATION

N'ayons pas peur de nous ouvrir aux autres et au monde. Autorisons-nous à rêver, à idéaliser ce qui pourrait advenir. « **L'enfant** » nous pousse à bouger, à réaliser des actions avec vivacité et confiance en nous. Entourons-nous de personnes dynamiques qui nous poussent vers le haut. Laissons parler notre enfant intérieur, avec impulsivité et spontanéité.

L'ÉTRANGER

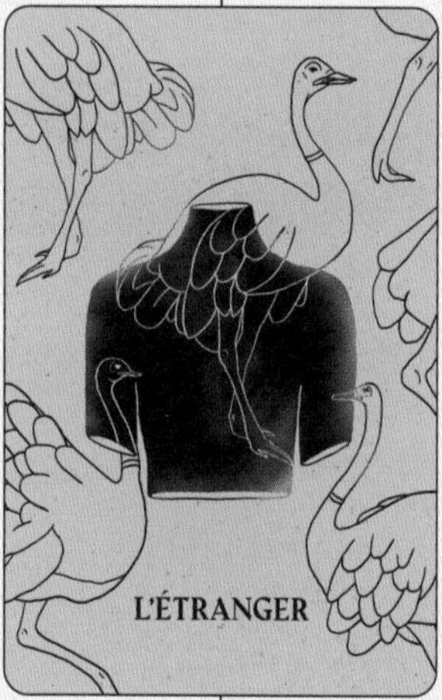

MOTS-CLÉS

DIALOGUE / CONTACT / COMMUNICATION ANNONCE / DIFFÉRENCE

«**L'étranger**» nous invite à communiquer les pensées qui nous empêchent d'avancer, à dire plutôt qu'à intérioriser. Le petit murmure qui sommeille en nous doit devenir notre voix. Utiliser le dialogue et la bienveillance est la meilleure des solutions.

REMERCIEMENTS

UN IMMENSE MERCI

Merci à toutes les personnes qui ont soutenu le projet, qui m'ont donné leurs impressions, qui m'ont fait réfléchir et qui m'ont affirmé que cet oracle les aidait au quotidien.

Un merci particulier à mes parents et à mon frère qui m'ont toujours soutenue quels que soient mes projets et mes aventures. Et qui m'ont appris et rappelé que tout est réalisable tant que l'on ose.

Merci à mon éditrice, Marine, pour sa patience et ses conseils bienveillants.

Merci à Edda pour le poème au début de ce livret et pour nos discussions au coin du feu sur l'humain et la société.

Merci à Mafé, elle ne le sait pas mais notre rencontre a changé ma façon de percevoir le monde.

Merci à Sylvie pour nos nombreux échanges sur le développement personnel, pour ses relectures et ses discussions qui m'ont beaucoup inspirée.

Merci à ma famille, oncles et tantes, cousin·e·s, et à mes amis pour leur aide précieuse et leur soutien.

STUDIO SANDY CHAMPION

Sandy Champion, artiste et designer graphique, a créé cet oracle afin de conjuguer son amour pour la nature et son intérêt pour le développement personnel.

En 2017, elle remporte le prix de championne de France et 6e meilleure graphiste au monde des moins de 23 ans à la *Worldskills Competition*. Elle fonde son propre studio de graphisme en 2021 et s'engage alors dans la réalisation de projets qui font sens, tournés vers l'humain.

STUDIO
SANDY
CHAMPION